Χρονορραφία · Time Stitches

Time Stitches

ELENI KEFALA

Translated by
Peter Constantine

PHONEME
MEDIA

DEEP
VELLUM

DALLAS, TEXAS

Phoneme Media, an imprint of Deep Vellum
3000 Commerce St., Dallas, Texas 75226
deepvellum.org · @deepvellum

Deep Vellum Publishing
3000 Commerce St., Dallas, Texas 75226
deepvellum.org · @deepvellum

Deep Vellum is a 501c3 nonprofit literary arts organization
founded in 2013 with the mission to bring
the world into conversation through literature.

First Edition, 2022

LIBRARY OF CONGRESS CONTROL NUMBER: 2022941375

ISBN 978-1-64605-184-7 (TPB) | 978-1-64605-185-4 (Ebook)

Cover design by Victoria Peña

Interior layout and typesetting by KGT

PRINTED IN THE UNITED STATES OF AMERICA

FOREWORD

Time Stitches is a book of linked poems that brings together moments from different eras in history, threads of time that are woven into a vibrant tapestry of motifs. These threads of time—at first not readily discernible as threads—become increasingly clear, each forming a separate poem series, a separate story-thread.

At the center of *Time Stitches* is a young Cypriot villager, born in a northern corner of colonial Cyprus in 1919. The British are the rulers of the island, but their culture and language do not reach the remote impoverished rural areas of this colonial outpost in the eastern Mediterranean. The unnamed man at the center of this book of poetry (Eleni Kefala's maternal grandfather) narrates his life in simple village language. The thread of poems in which he is the protagonist captures brief fragments of his life in chronological progression: he is one of eight children; in the morning a shadow across the open door in his village without clocks means that it is time to go to school; a malicious prank leads him to fall from a donkey, wounding his head, and as he lies in a coma his family staunch the flowing blood with dung, the doctor later cutting his head open, "taking out bits of stones." A blanket of poverty is stifling the villages, and the protagonist, now a young man of twenty, sets out with a few coins in his pocket to start a new life in England. He leaves the island at a portentous moment: as his ship reaches Italian waters on September 3, 1939, Britain and France declare war on Germany, and World War II begins.

A second thread of poems narrates a moment in history at St Andrews Castle in Scotland, where Eleni Kefala now lives. It is a time stitch that, according to the quoted chronicle, takes place on *"Fryday the 28th of Maii, anno 1546,"* when David Beaton, the last Scottish Roman Catholic Cardinal before the Protestant Reformation, is murdered. The thread of poems interwoven with other threads, other time stitches, gives a moment-by-moment narration of the dramatic events leading to the cardinal's fall. On the day of his murder, it is dawn and he is entertaining Mrs. Marion Ogilvy in his chambers (the innuendo is unmistakable), and, on hearing the commotion made by the men who have come to murder him, he has his steward barricade the bedroom door with chests, to no avail. The thread of poems creates a cyclical narrative, a kind of time loop; the epigraph to the last poem stops at the point where the first poem starts.

Another thread of poems captures the moment that Rodrigo de Triana, a sailor on Christopher Columbus' ship La Pinta, sets eyes on the Americas, and yet another thread follows Xocoyotzin—the great Aztec Emperor Montezuma—from the first portents of doom to the moment the empire falls to the Spanish conquistadors. Our eye is drawn to details that might seem insignificant at such a crucial moment in history:

> the emperor does not eat, does
> not sleep. At the door a bird
> with a mirrored head peers at
> him. He hears the masses
> shouting for revenge. Outside
> history is waiting

Unlike the thread of the Cypriot villager and that of the Aztec emperor, the thread of the Spanish adventurers and colonizers is narrated in reverse chronological order, stitching the tapestry of time in surprising and revealing ways.

There are many other historical moments in *Time Stitches*, arranged around the young Cypriot man at the center of this poetry book. Each of the thread sequences and individual poems lead the reader retrospectively to interpret the other threads in a different manner, the time stitches remaining fluid and cyclical. Eleni Kefala has described this as a "butterfly effect" that affects both what will follow and what has already been read. As the poem threads draw together, it is as if the protagonist, in his travels through the twentieth century, encounters Odysseus, Cervantes, Columbus, Rembrandt, and others, all moving within an eternal present. In this way, the readers take part in the production of meaning by pulling the threads together, stitching together their own reading of the story. *Time Stitches* is "an exercise in the multiple dimensions of time, and a homage to the feeble voices of history," Eleni Kefala pointed out in a 2018 interview in *World Literature Today*. "Fragments of time are brought together to make sense out of what seems to be chaotic and senseless. Isn't this one of the primary functions of poetry?"

Peter Constantine
Storrs, Connecticut

σ' όσ

ους παί ζουν

κου

τσό στα κε

νά

της ιστ ορ

ίας

to al

l   those   play

ing

hopscotch   wi

thin

the   gaps   of   his

tory

Όλο το βράδυ ακούγονταν στην ακτή
τα παράξενα τραγούδια τους

*All evening their strange songs
sounded from the shore*

rinn na mara

Στο παραπέτο
κοιτάει τη θάλασσα
και συλλογιέται

rinn na mara

from the parapet
he stares at the sea
and muses

I

Γενήθηκα τό 1919 4 οχτόβρη
είχα ἔξη ἀδελφές τήν Λουκία τήν
Βασιλού τήν Παρασκεβού τήν
Μιλιά κ. Μαρία δήδημες τήν
Πελαγία κ. τόν ἀδελφόν μού
Γεώργιον

I

*I was born in 1919 october 4
I had six sisters Loukia
Vasilou Paraskevou Milia
and Maria twins Pelagia and
my brother George*

σπ

έ   ο

δ   τ

α   α

I

Πάντα με πλώρη
τ' ανήλικά μας χρόνια
ταξιδεύουμε

ma
o   d
n   s

I

Our prows always pointing
toward our early years
we journey

ω   α

φ   τ   ί   σ

ο   σ   κ   η

4 Οκτωβρίου 1669

στο χέρι του   η   απέναντι

το πινέλο να διστάζει   ζωή   βλέπει τα μάτια του

που τρέμει   σκιά   να τον κοιτάνε

και τρέ-

χει στον

καμβά κα-

θρέ φ της

        h   u
 c   i   c   r
       a   ro   s   o

the fourth of October, 1669

    in his hand   li-   across
trembling his brush fe a he can see his eyes
    hesitates   sha-   watching
                    dow fit-

                    ting over

                the canvas a

                mi   rr   or

II

Ὅταν ἤμουν 6 χρονόν θημάμε
πήγενα σχολοίο ὅταν χτηπούσεν ἡ
καμπάνα το πρωϊ ρολόγια δέν
ὑπήρχα ὅταν ἤταν ἡ πόρτα
ἀνηχτή βάλαμεν μιάν γραμή στήν
σκιάν ὅταν γενιέτουν ὁ ἥλιος κ.
ξεύραμε ὅτοι ἤταν ὅρα ἐπτά γιά
τό σχολοιον

II

When I was 6 years old I remember going to school when the bell rang in the morning there were no clocks when the door stood open we drew a line in the shadow when the sun was born and we all knew it was the seventh hour for school

η σκιά στη γραμμή

Έτσι ξαφνικά, όπως το βουητό
της μοτοσικλέτας που τρέχει με
ιλιγγιώδη ταχύτητα, όπως την
αστραπή στον βραδινό ουρανό,
όπως ένα τραγούδι που ξανακούς
μετά από χρόνια στο ραδιόφωνο.
Έτσι ξαφνικά, μετά από χρόνια, σ'
ένα αστραπιαίο, ιλιγγιώδες βουητό
θ' αντικρίσεις το πιο αναπάντητο
απ' τα ερωτήματά σου. Και τότε θα
ξέρεις

the shadow in the line

as suddenly as the howl of the
motorcycle racing at dizzying
speeds, as the lightning across
the evening sky, like a song you
hear again after years on the
radio. So suddenly, after years,
in a flashing, dizzying howl you
will face the most unanswered
of your questions. And then you
will know

ποίηση

I

η ανακατανομή της σιωπής
στη γλώσσα

poetry

I

the redistribution of silence
in language

η πτώση

mony purpoises war devysit, how that
wickit man mycht have bein taikin
away

I

Με το που χάραξε μαζευτήκαν
όλοι στ' Αββαείο και κινήσαν για
το κάστρο. Η πύλη ήταν ανοιχτή
καθώς εκείνη την ώρα περνούσαν
οι μαστόροι που δούλευαν στα
καινούργια διαμερίσματα

the fall

mony purpoises war devysit, how that wickit man mycht have bein taikin away

I

in the dawn they all gathered in the abbey and headed for the castle. The gate was open since at that hour the craftsmen were at work in the new chambers

sacra lega

*portò nuova della presa di Famagosta
e del totale acquisto del Reame di
Cipro, per cui s'era cominciata la
guerra*

Χάραμα στη Μαρκέσα ένας
εικοσιτετράχρονος υπαξιωματι-
κός που ψήνεται στον πυρετό
αντικρίζει για πρώτη φορά τον
περιβόητο στόλο του καπουδάν
πασά Αλή Ζαζέ Μουεζίν. Σε λίγες
ώρες ο ευφάνταστος ιδαλγός από
το Αλκαλά δε Ενάρες θα χάσει
την κίνηση του αριστερού χεριού
του για τη δόξα του δεξιού

sacra lega

*portò nuova della presa di Famagosta
e del totale acquisto del Reame di
Cipro, per cui s'era cominciata la
guerra*

dawn on board the *Marquesa*, a
twenty-four-year-old non-com-
missioned officer burning in a
fever beholds for the first time
Ali Müezzinzade Kapudan Pa-
sha's infamous fleet. Within a
few hours the whimsical hidalgo
from Alcalá de Henares will lose
the use of his left hand for the
glory of his right

III

Ὅταν   ἦταν   ὄρα   νά
σχολάσουμε   πάλυ   κητάζαμεν
τήν   σκιάν   τῆς   πόρτας   τοῦ
σχολοίου   ὅταν   ἔρχετουν   πάς
τήν   γραμὴ   ἡ   σκιά   ἦταν   ὄρα   νά
σχολάσουμεν

III

When it was time for home we
again looked at the shadow cast
by the schoolhouse door and as
it crossed the line it was time
for home

η σκιά

Μας ακολουθεί βήμα προς
βήμα. Μας συνοδεύει στη
δουλειά, στο σουπερμάρκετ,
στο περίπτερο. Παραμονεύει
στα φανάρια μετρώντας
τα χιλιόμετρα ένα-ένα. Τις
ανάσες μας. Τις σκέψεις μας.
Καραδοκεί παντού και μας
προσέχει, μήπως κάποιος,
κάπου, καταλάβει και μας πει

the shadow

follows us step by step. It trails
us all the way to work, to the
supermarket, to the corner
store. It lingers by traffic lights,
counting kilometers one by one.
Our breaths. Our thoughts. It is
lurking all around, watching us,
just in case someone, some-
where, might catch on and tell
us

η πτώση

bot all faillit, till Fryday the 28th of
Maii, anno 1546, quhen the foirsaid
Normad came at nycht to St Androis

II

Ο Γουίλιαμ Κερκόντι διέσχισε μ᾽
άλλους έξι τη γέφυρα ρωτώντας
τον φύλακα αν ο κύριός του ο
καρδινάλιος ήταν ξύπνιος κι
εκείνος του απάντησε πως όχι—
το προηγούμενο βράδυ ήταν
απασχολημένος μέχρι αργά με
την κυρία Μάριον Όγκολβι

the fall

bot all faillit, till Fryday the 28th of Maii, anno 1546, quhen the foirsaid Normad came at nycht to St Androis

II

William Kirkcaldy and six other men crossed the bridge and asked the guard when the cardinal would be stirring, and the guard answered not for a while yet since the night before the cardinal had been busy till the wee hours in the entertaining of Mrs. Marion Ogilvy

αδέσποτα

II

Μέσα στους στίχους
γυρεύω τη φωνή σου
που ξεθωριάζει

nomads

II

in verses
I seek your voice
that is fading

IV

*Πηγέναμεν σπήτη νὰ φάμε
μεσημέρη ψωμή 5.6 ἐλιές
καμιάν κρομήδα κ. πηγαίναμε
σχολοίον τό ἀπόγευμα*

IV

*We went home at noon to eat
bread five six olives an onion
and went to school in the
afternoon*

αδέσποτα

III

Φτιάχνουμε στίχους
το πέρασμα του χρόνου
ν' απαλύνουμε

nomads

III

*We create verse
to soften the passing
of time*

η πτώση

William Kirkcaldie of Grainge youn-
gar was in the toun befoir, awaytting
upoun the purpois .

III

Στο μεταξύ έφτασε κι ο Νόρμαν
Λέσλι με τους δικούς του κι όπως
δεν ήταν πολλοί κατάφεραν να
μπουν στο κάστρο κάνοντας
τους επιστάτες και μέχρι να πάρει
χαμπάρι ο φύλακας μια και δυο
του σπάσαν το κεφάλι και τον
πετάξανε στην τάφρο

the fall

William Kirkcaldie of Grainge youn-
gar was in the toun befoir, awaytting
upoun the purpois

III

In the meantime Norman Leslie
with his men who were not great
in number managed to enter the
castle feigning they were labor-
ers and by the time the guard
noticed them they had in a trice
split open his head and hurled
him into the moat

claidheamh mòr

α-
νοίγει
η αυλαία
τα φώτα
ανάβουν
τα χέρια
σου ξιφο-
μαχούν σε
υγρό τοπίο
τρέχεις ανά-
μεσα σε πανύ-
ψηλους κορμούς
κι η σκηνή στενεύει
το φύλλωμά σου φυτρώνει μέσα ο εχθρός κλείνεις τα μάτια και στον ορίζοντα δια-
κρίνεις κάποιους που σου μοιάζουν να πλησιάζουν με προσωπεία στα χέρια σπα-
θιά στο σκοτάδι
τα μάτια αλλά-
ζουν μορφές και
πυκνώνουν οι
εχθροί στον
καθρέφτη
θεόρατοι
κορμοί σε
κυκλώνουν
οι μάσκες
στη σκηνή
η αυλαία
να κλείνει
σπέρνεις
τα μάτια
σου κλα-
δεύεις το
φύλλωμά
σου βυθί-
ζεις τα δά-
χτυλα βα-
θιά στη
σιωπή κι
είσ' έτοι-
μος για
την α-
ναμέ-
τρη-
ση

claidheamh mòr

a-
cur-
tain
parts
the lights
light up
your hands
fencing within
watery terrains
you are running a-
mong soaring trunks and the scene narrows your foliage planting within you the enemy you close your
eyes and on the horizon you behold some men resembling you approaching with masks in their
hands swords in
the dark the eyes
shift shapes and
the enemy
thickens in
the mirror
colossal
trunks sur-
round you
masks on
the stage
the cur-
tain is fal-
ling you
sow your
eyes you
prune the
foliage
plunge
your
fingers
deep
into
sil-
ence
and
are
read-
y for
the
tour-
na
me-
nt

45

V

Τό πρωï κάναμε κ. δηάλημα
μησή ὅρα περίπου πέζαμε
κοτσαντήρη σκατούλια κ.
τρέξημον πολές φορές πέζαμε
ληκρή τά ἀπογεύματα πέζαμε
κ. σήζηρο αὐτά ἦταν,

V

*In the mornings we also had a
break about a half hour and we
played hopscotch frog in the
middle and tag and often of an
afternoon played dabbers and
dabstones too*

παιδιά

Εδώ οι άνθρωποι περιφέρονται αδιάκοπα, τραβούν κομμάτια της ζωής τους σε χειραποσκευές κι έχουν το βλέμμα αυτών που δεν ψάχνουν τίποτα. Σαν μια ταινία που επαναλαμβάνεται αδιάλειπτα. Με μονταρισμένα τα πλάνα. Με μονταρισμένα τα πρόσωπα. Και γύρω-γύρω όλη η ζωή συνεχίζεται. Και γύρω-γύρω όλη η ζωή συνεχίζεται

children's game

here people are always on the
move, they haul bits of their
lives along with them in hand-
luggage, their eyes are of those
not seeking a thing. Like a
movie running in a loop. A
sequence of montages. A
sequence of faces. And ring-a-
round the rosie life keeps going
on. And ring-a-round the rosie
life keeps going on

η πτώση

last came Johne Leslie forsaid, who
was moist suspected

IV

Τρομάξαν οι εργάτες κι άλλοι
αρχίσαν να πηδούν στη θάλασσα
κι άλλους τους φυγαδέψαν
αλώβητους έξω απ' το κάστρο

the fall

*last came Johne Leslie forsaid, who
was moist suspected*

IV

the laborers were all in a panic
some leaping into the sea while
others were spirited away from
the castle and remained un-
scathed

VI

Κάποτε πού σφάζαν κανένα χήρο
ἤπήρχε φούσκα μές τὰ ἄντερα τού
χήρου τήν φουσκόναμε κ. πέζαμε
ποδόσφερον μέχρη πού νά σπάση

VI

Sometimes when they slaughtered a porker there was a bubble sack in its guts and we played soccer with it till it finally burst

αδέσποτα

IV

Αἰὼν παῖς ἐστι
παίζων, πεσσεύων· παιδὸς
ἡ βασιληίη

nomads

IV

eternity is a child
playing dice; the child
is king

η πτώση

quhat conclusion they tuik that nicht
it was not knawin, bot by the ischew
that followed

V

Ο καρδινάλιος, που 'χε ξυπνήσει
πια απ' τις φωνές, ρώταγε απ'
το παράθυρο τι γίνεται και σαν
έμαθε πως κατέλαβαν το κάστρο,
άρπαξε το σπαθί του κι έβαλε τον
υπηρέτη να σφαλίσει την πόρτα
με μπαούλα

the fall

quhat conclusion they tuik that nicht
it was not knawin, bot by the ischew
that followed

V

the cardinal awakened now by
all the shouting made inquiry
from his window as to what was
underway and when he heard
the castle had been seized, he
took hold of his sword and had
his steward barricade the door
with chests

παιχνίδια στην άμμο

άλλες φορές πάλι κατεβαίναμε
στην παραλία για να φτιάξουμε
πύργους με τους τρύπιους κου-
βάδες μας κι ύστερα να δούμε
πέρα στα βαθιά τους εχθρούς να
φτάνουν ταξιδεύοντας στον χρόνο
με τις πανοπλίες τους

games in the sand

*then other times we'd go down
to the beach to build castles
with our leaky buckets and then
we would watch the enemy out
in the depths arriving from their
travels in time with their weapons*

Παρασκευή 12 Οκτωβρίου 1492

I

Τους είδαμε, γύρω στους εκατό,
κατέβηκαν από κάτι πλωτούς πύργους
ντυμένοι απ' την κορφή ως τα νύχια
με ρούχα από μέταλλο, το πρόσωπό
τους φαινόταν χλωμό και μιλούσαν
μια γλώσσα ακατανόητη. Κάθε τόσο
επαναλάμβαναν μια φράση που
ακουγόταν σαν «Σαν Σαλβαδόρ».
Ποιος ξέρει τι σημαίνει και ποιος
άνεμος τους έφερε στα μέρη μας

Friday, the twelfth of October, 1492

I

We saw them, they were about a hundred, descending from some floating towers dressed from top to toe in garbs of metal, their faces pale, and they spoke an unfathomable tongue. Once and again they'd repeat a phrase that sounded much like "San Salvador." Who knows what that might mean and what winds have brought them to our shores

VII

*Καβαληκούσα γαϊδούργια κ.
κάναμε κούρσες ὅ πατέρας μού
είχεν 3 γαϊδούρες τές πέρναμε νὰ
πιούν νερό στή βρήση ή μελάναρκα
είχεν νερό τρεχάτον 2 ίνζες έτρεχε
σηνέχεια*

VII

I rode atop donkeys and we would do races my father had three she-donkeys we would take them to water at the fountain in Melanarka there was running water always running 2 inches thick

ακροβασίες

the others that are to follow me
the ties between me and them

Μαθαίνουμε για σας, σε
πολυτελείς εκδόσεις συναντάμε
τα κατορθώματά σας να περιφέ-
ρονται περήφανα ανάμεσα σε
δυσχερείς χρονολογίες και
δυσκολομνημόνευτες. Διαβά-
ζουμε συχνά για σας, για το
απαράμιλλο σθένος και τις
ένδοξες νίκες σας, για την πάντα
έγκαιρη συνάντησή σας με την
Ιστορία—μα τυχαίνει καμιά
φορά να πέσει το μάτι μας σε
κάποια πάθη και λάθη σας που
περιφέρονται αδέσποτα ανά-
μεσα στα διάκενα της ιστορίας
και τις χρυσές σελίδες σας

walking the line

the others that are to follow me
the ties between me and them

We learn about you, in luxuriant publications we encounter your accomplishments roving proudly among unwieldy and formidable chronologies. We often read about you, about your unparalleled valor and glorious victories, about your ever opportune encounters with History—but at times our eye will alight on some blusters and blunders that roam as nomads through the gaps of history and your gilded pages

αδέσποτα

V

Πίσω απ' τις μεγαλύτερες νίκες μας
κρύβονται οι πιο μεγάλες μας ήττες

nomads

V

behind our greatest victories
hide our greatest defeats

η πτώση

bot airlie upoun the Settorday in the
morning, the 29th of Maii

VI

Ο Λέσλι, ανεβαίνοντας τα σκαλιά
που οδηγούσαν στον κοιτώνα,
του φώναζε ν' ανοίξει κι αφού
είδε κι απόειδε, διέταξε να του
φέρουν κάρβουνα αναμμένα·
σαν κατάλαβε ο καρδινάλιος τι
πήγαινε να γίνει, τράβηξε με τον
υπηρέτη τα μπαούλα κι άνοιξ' η
πόρτα

the fall

bot airlie upoun the Settorday in the morning, the 29th of Maii

VI

Leslie, mounting the stairs that led to the bedchamber, called out to him to open up and upon discerning that he would not he ordered fiery coals be brought; when the cardinal understood what was to transpire he and his steward dragged back the chests and opened the door

ποίηση

η ποίηση είναι μια πόρτα ανοιχτή

II

Μια πόρτα. Μέσα θόρυβος. Την
ανοίγεις. Βλέπεις το ποίημα να
ξηλώνει μία-μία τις λέξεις. Τις
φράσεις. Να απεκδύεται τις
παρομοιώσεις. Τους υπαινιγμούς.
Τις μεταφορές. Μέχρι που
ξεγυμνώνεται μπροστά σου. Και
σου απλώνει το χέρι

poetry

poetry is an open door

II

a door. Noise within. You open
it. You see the poem unraveling
the words one by one. The
phrases. Denuding the similes.
The allusions. The metaphors.
Until it is standing naked before
you. Reaching out its hand

VIII

Μιὰ μέρα ἔνώ ἐπίγενα
καβαλάρης νά ποτήσω τήν
γαϊδουρα ἕνας ἄλος μηκρός
ἦλθεν πήσω ἀπό τήν γαϊδούρα
κ. βάζη ἕναν ἀγκάθη σήκοσε
τήν οὐρα τῆς ἤ γαϊδούρα
ἔτρεχεν ἤταν κατηφόρα κ.
μέ ἔρηξεν χάμο

VIII

*One day as I rode out to water
the she-donkey another lad
came up behind her and jabbed
a thistle under the saddle and
she raised her tail and galloped
off there was a slope and she
threw me*

η πτώση

*war thay in sundrie cumpanies in the
Abbay Kirkyaird, not far distant frome
the Castell*

VII

Όρμησε τότε ο Λέσλι με τους
δικούς του στον κοιτώνα, κι όπως
άξιζε σ' αυτόν, που το αίμα του
ενάρετου Γουίσαρτ είχε χύσει, του
χώσαν τρεις φορές το σπαθί στα
σωθικά—ύστερα κάποιοι είπαν
πως πέφτοντας ο καρδινάλιος
Μπίτον ακούστηκε να λέει: *fy, fy,
all is gone*

the fall

war thay in sundrie cumpanies in the
Abbay Kirkyaird, not far distant frome
the Castell

VII

then Leslie and his men lunged
into the bedchamber and, as the
man who'd shed the blood of
virtuous Wishart deserved, they
thrice plunged their swords into
his innards—later it was said
that the cardinal uttered as he
fell: "fy, fy, all is gone"

ερωτικό

I can give you my loneliness, my darkness, the hunger
of my heart; I am trying to bribe you
with uncertainty, with danger, with defeat

I

Σου δίνω την ανάμνηση ενός κρατήρα ηφαιστείου
που αντίκρισα ένα βράδυ στη Νικαράγουα
ενός ηλιοβασιλέματος στη θάλασσα σ' ένα νησί του Νότου
του δέντρου της αυλής μας που σκαρφάλωνα παιδί.
Σου δίνω την πρώτη μου μέρα στο σχολείο
το πρώτο μου τραγούδι, το πρώτο μου ποίημα, το πρώτο μου βιβλίο.
Σου δίνω το βλέμμα ενός ανθρώπου που ερωτεύεται
την αγκαλιά ενός ανθρώπου που αγαπά
τον φόβο ενός ανθρώπου που θα πεθάνει.
Σου δίνω την απόγνωση αυτού που ξέρει
πως μια μέρα θα χαθούν το ηφαίστειο και το δέντρο και το βλέμμα
θα χαθούν οι αναμνήσεις, θα χαθούν η αγκαλιά και το ποίημα.
Σου δίνω την ήττα ενός ανθρώπου μπροστά στον χρόνο και την απώλεια
τον μαρασμό του κορμιού, τη μοναξιά της αιωνιότητας.
Σου δίνω τον φόβο ενός ανθρώπου που σε αγαπά
παρ' όλο τον φόβο

love song

I can give you my loneliness, my darkness, the hunger
of my heart; I am trying to bribe you
with uncertainty, with danger, with defeat

I

I give you the memory of a volcanic crater
I beheld one evening in Nicaragua
of a sunset by the sea of an island of the south
of the tree in the yard that as a child I used to climb.
I give you my first day at school,
my first song, my first poem, my first book.
I give you the glance of a person who falls in love
the embrace of a person who loves
the fear of a person who will die.
I give you the despair of a person who knows
that one day the volcano and the tree and the glance will be lost,
the memories will be lost, the embrace and the poem will be lost.
I give you the defeat of a person in the face of time and loss,
the withering of the body, the loneliness of eternity.
I give you the fear of a person who loves you
despite the fear

αδέσποτα

VI

*Ακροβατούμε
στα κενά και τις σιωπές
της ιστορίας*

nomads

VI

*We walk the line
within the voids and silences
of history*

IX

Ἔγω δέ θημώμουν τήποτε ἦλθεν ἤ
μητέρα μού ἤ ἀδελφές μού μέ
πιάσαν μέ πήραν σπήτην βάλαμε
πάνω στό στρόμα ἔγω δέν
θημούμουν τήποτε μού ἦπαν ἤ
μητέρα ἀδελφές μού μέ ἔκλεαν
ὅτοι ἦμου πεθαμένος τρής μέρες
τρής νήχτες

IX

*I couldn't remember a thing
my mother came my sisters
they lifted me up and took me
home and put me on a mat I
couldn't remember a thing they
said my mother my sisters wept
over me dead as I was three
days and three nights*

του νεκρού αδελφού

*Μ*οιρολογούσαν
τρεις μέρες και τρεις νύχτες
οι έξι αδελφές

the dead brother's song

they wept
three days and three nights
the six sisters

οι έξι του Κερκόντι

and so was he brocht to the Eist
Blokhouse Heid and schawin deid over
the wall to the faythles multitude

Μαζεύτηκε κόσμος πολύς έξω
απ' το κάστρο ζητώντας να δει
τον καρδινάλιο τον πιάσαμε τον
πήραμε στο μπροστινό το τείχος να
τον δουν να το πιστέψουν κι ύστερα
φύγαν όλοι σιωπηλοί

Kirkcaldy's six men

and so was he brocht to the Eist
Blokhouse Heid and schawin deid
over the wall to the faythles multitude

a multitude gathered before
the castle wanting to see the
cardinal we raised him and
carried him to the front battle-
ment so they could see him and
believe and then they all left in
silence

αδέσποτα

VII

Πού να 'σαι τώρα
πίσω από ποια σιωπή να κρύβεσαι;

nomads

VII

Where are you now
behind what silence might you be hiding?

X

Ὅταν μέ πήραν σπήτην ἔτρεχεν ἡ
κεφαλή μού ἔμα μάζεψαν κόπρια
τόν γαϊδούρον κ. ἐβάλαν μού στήν
κεφαλήν γιά νά σταματήσῃ τό
ἔμα ὅταν μέ πήραν στόν ἰατρόν
ἄνηξεν τήν κεφαλήν μού κ.
ἄρχησεν νά βγάλῃ κομάτια πέτρες

X

When they took me home
blood was flowing from my
head and they gathered the
dung of donkeys and packed it
on my head so the blood would
stop when they took me to the
doctor he opened up my head
and began taking out bits of
stones

αδέσποτα

VIII

Σαν πέτρες πέφτουν οι φωνές
για να μην τις παίρνει ο άνεμος

nomads

VIII

Voices are falling like stones
so winds will not carry them off

Παρασκευή 12 Οκτωβρίου 1492

II

Ετοιμαζόμαστε να ξεμπαρκά-
ρουμε, χαρούμενοι αλλά και
φοβισμένοι. Ποιος ξέρει ποιοι
βάρβαροι μας περιμένουν στην
ακτή

Friday, the twelfth of October, 1492

II

*We are preparing to dis-
embark cheerful but fearful too.
Who knows what barbarians
are awaiting us on the shore*

σπ
έ   ο
δ   τ
α   α

IX

μέσ' απ' τους πύργους
τους πλωτούς χαρτογραφούν
ξένες πατρίδες

                    ma
          o   d
     n   s

IX

*from within the floating
towers they are mapping
foreign realms*

XI

ἤμουν πολύ ἔξηπνος στά
γράματα πρύν γήνη τό κακό μετά
ἄρχησα νά ἀδιαφορό ὅ πατέρας
μού ὅπως μού ἔλεγε πήγεν
σχολείον μέχρη δευτέρα τάξη
κ. εἴξευρεν καλά γράματα μέ
βοΐθησεν πάρα πολυ κ. στήν
ἀρηθμητηκήν μέχρη πού τέλιοσα
τό Δημοτικόν

XI

I was very clever at my lessons
before that evil befell me then I
begun lagging but my father as
he told me had gone to school
until second grade and could
read and write well and also
helped me a lot with math until
I finished grade school

το κακό

Auschwitz-Birkenau

Απέραντο τοπίο
δυσπρόφερτα λευκό
κι αμετάφραστο

τη νύχτα μέσα μας
ποιος θα τη φωτίσει;

evil

Auschwitz-Birkenau

Vast terrain
inarticulately white
and untranslatable

who will light
the night within us?

αδέσποτα

X

σ' αυτόν τον τόπο
που μπάζει από παντού
φωνές ανθρώπων

nomads

X

this place into which
from all around people's
voices seep

XII

*ἤ*θελα νά προχωρίσω σέ ἀνώτερο
σχολείον ἀλλά δέν εἶχεν τήν δήναμη
ὅ πατέρας μού πού χροστούσεν τού
γιατρού 80 λήρες εἶχεν μιάν μούλαν
τήν πόλυσεν γιά 15 λήρες κ. τά
ἔδωσεν τού γιατρού

XII

I wanted to move up into a higher school but my father lacked the means he owed the doctor 80 pounds he had a she-mule he sold her for 15 pounds and gave them to the doctor

γυμνάσιο

if you can fill the unforgiving minute
with sixty seconds' worth of distance run

Γυμναζόμαστε σκληρά. Με
ιδρώτα κι αφοσίωση φτιάχνουμε
τα μαρμάρινα κορμιά μας,
αποκτώντας αντοχή και σθένος
απαράμιλλο. Πανέτοιμοι κάθε
στιγμή για των κρίσιμων αγώνων
τις μεγάλες αποστάσεις—και
προσπερνάμε, με την απαράμιλλη
ταχύτητά μας, τις μικρές χαρές
και τους μικρούς θανάτους των
κοντινών μας αποστάσεων

gymnasium

if you can fill the unforgiving minute
with sixty seconds' worth of distance run

We train hard. With sweat
and commitment we build our
marble bodies, achieving unpar-
alleled endurance and strength.
We are primed and ever ready
for the long distances of the
crucial contest—and with our
unparalleled speed we overtake
the small joys and small deaths
of our short distances

ποίημα

I

μια φευγαλέα σκέψη του Αϊνστάιν

poem

I

a fleeting thought of Einstein's

XIII

δουλέβαμεν στά γήρω χορία
τούρκηκο χωριό Κορόβια τουρκικο
χοριό Γαληνόπορνη κάπου 15
μίλια ἀπό τήν Μελάναρκα ἤ
τούρκη μηλούσαν τήν κυπριακή
ἐληνηκά κάμναμε πορτοπαράθηρα
ἀρμάρκα κ. ἄλλα ἤδη ἔπηπλα δέν
εἴχαμε πρώβλημα μέ τούς τούρκους
μηνήσκαμε στά σπήδια τούς μέχρη
νά τελιώση ἡ δουλιά

XIII

*We worked in the nearby villages
the Turkish village Korovia the
Turkish village Galinoporni some
15 miles from Melanarka the
Turks spoke the Cypriot language
in Greek we built windows doors
closets and other furniture we
had no trouble with the Turks we
stayed with them in their homes
until the work was done*

αδέσποτα

XI

Περιφερόμαστε στη γλώσσα
όπως στο σπίτι της παιδικής μνήμης

nomads

XI

We roam within language
as in the house of childhood memory

ποίηση

III

η ποίηση δεν είναι παρηγοριά,
δεν είναι τραγούδι της χαράς και
της λύπης, δεν είναι καταφύγιο
στο στόμα ενός τυφλού, δεν
είναι μουσείο. Η ποίηση δεν είναι
εγχειρίδιο νοημάτων στο ράφι με
τα κλασικά, ούτε ομορφιά που
καραδοκεί σ' ένα δωμάτιο με
καθρέφτες και μισοκαμένα ξύλα.
Η ποίηση δεν είναι θάλασσα,
ούτε ναυάγιο, ούτε στεριά, ούτε
χάρτης, ούτε πυξίδα.

Η ποίηση είναι

poetry

III

Poetry is not solace, it is not a song of joy and of sadness, it is not a haven in the mouth of a blind man, it is not a museum. Poetry is not an almanac of meanings on the shelf with the classics, nor is it beauty that looms in a room with mirrors and half-burned logs. Poetry is not a sea, nor a shipwreck, nor terra firma, nor a map, nor a compass.

Poetry is

Δυτικές Ινδίες

I

Κι όλα έδειχναν
στο μακρινό Τσιπάγκο
πως πλησίαζαν

West Indies

I

and everything indicated
that they were approaching
distant Cipangu

XIV

Πηγαίναμε στήν ἀγία τριάδα
δουλέψαμε ἐκύ δύο χρόνια ὅ
μάστρος μού μού ἤπεν νά μέ
πλυρώνη ἀνάμηση γρόση τήν
ἡμέρα σέ ἕνα χρόνον τά ἔυαλα
στό ταμηευτήριον τῆς Γιαλούσης
ἔγηναν δυόμηση λήρες τά πήρα
ἀπό τό ταμιευτήριο κ. πήγα στό
Βαρώση κ. ἀγώρασα μερικά
ἐργαλία

XIV

We would head to Agia Triada
we worked there two years my
foreman offered me one and a
half piastres a day I put them in
the bank at Gialousa and with-
in a year they grew to two and a
half pounds I took them out of
the bank and went to Varosia
and bought some tools

ξυλουργικά

Πήραν και λίγα σανίδια κι
άρχισαν δουλειά, τρεις μέρες,
τρεις νύχτες. Την τρίτη μέρα
έφτιαξαν την κρύπτη στ' αλόγου
την κοιλιά και το 'στειλαν
πεσκέσι στους απέναντι

woodwork

then they also took some planks
and began to work, three days,
three nights. On the third day
they built the hideaway within
the horse and sent it as a gift to
those across the wall

μέρες του 1453

Κι αφού είδε πως αυτός επέμενε
του τα 'πε όλα. Πως θα 'φταναν
οι ξένοι με το χλωμό το δέρμα.
Πως θα μιλούσαν μια γλώσσα
παράξενη κι ακατανόητη. Πως
θα 'χαν γένια και μαλλιά μέχρι τ'
αφτιά. Πως θα κατέβαιναν από
πλωτούς πύργους με μακριά
δοκάρια. Πως θα καβαλούσαν
πανύψηλα ελάφια χωρίς κέρατα.
Πως απ' τα όπλα τους θα
'βγαινε φωτιά. Πως ογδόντα
μέρες κι ογδόντα νύχτες θα
πολιορκούσαν οι βάρβαροι την
Πόλη. Πως θα 'πεφτε στα χέρια
τους και θ' αφανιζόταν η
Τενοχτιτλάν. Αυτά έμελλε να
δείξουν οι οκτώ οιωνοί του
Κετσαλκόατλ, μ' αλλιώς θα τους
ερμήνευε ο Σοκογιότσιν.

Οργισμένος ο αυτοκράτορας
έβαλε αμέσως να εκτελέσουν τον
παράφρονα ζητιάνο

days of 1453

Seeing that he would not be swayed he told him all. That pale-skinned strangers would come. That they would speak an alien and unfathomable tongue. That they would have beards, and hair to their ears. That they would descend from floating towers that had tall poles. That they would ride enormous stags without horns. That fire would spew from their weapons. That for eighty days and eighty nights the barbarians would besiege the City. That Tenochtitlan would fall into their hands and be razed to the ground. This is what Quetzalcoatl's eight omens showed, but Xocoyotzin was to read them otherwise.

Irate, the Emperor had the mad beggar put to death

αδέσποτα

XII

Καρδινάλιε
σ' έχουν πνίξει οι φωνές
της ιστορίας

nomads

XII

Cardinal
the voices of history
have stifled you

XV

Πήρα κ. λήγα σανήδια κ. ἄρχησα
δουλιά στό σπήτη τού πατέρα
μού ἔκαμα δύο πόρτες ἕνα
παράθηρο ἕναν ἀρμάρη λεφτά
δέν ἐβαστούσα νά με πλυρώσουν
μού ἐλέγαν ἄμα βγάλουμε τές
πατάτες νά σού δώσουμεν
βαρέθηκα θέλησα νά φήγω γιά
τήν ἀγγλίαν

XV

I also took some planks and started work at my father's house I built two doors a window a closet they had no money to pay me they said once the potatoes were for the picking we'll give you some I'd had enough I wanted to leave for England

ποίημα

II

Μια βραδινή σκέψη της Μόλλυ Μπλουμ

poem

II

an evening thought of Molly Bloom's

ερωτικό

II

Θα ήθελα να μπορώ να σ'
αγαπήσω πριν γράψει τους
Έρωτες ο Οβίδιος, πριν φτάσει ο
Αλέξανδρος στον Γρανικό, πριν ο
Βελάσκεθ συναντήσει την
Ινφάντα Μαργαρίτα. Θα ήθελα
να μπορώ να σ' αγαπήσω πριν
ακουστούν οι τροβαδούροι στην
Αλάμπρα, πριν μπει επί πώλου
όνου ο Ναζωραίος στην
Ιερουσαλήμ, πριν βάλει την
τελευταία πινελιά του στην
Γκερνίκα ο Πικάσο. Θα ήθελα
να μπορώ να σ' αγαπήσω πριν
την προδοσία του Καίσαρα, τα
σονέτα του Σαίξπηρ, πριν την
Ενάτη του Μπετόβεν και τα
ρολόγια του Νταλί. Θα ήθελα
να μπορώ να σ' αγαπήσω πριν
τους αιώνες που μας βαραίνουν,
πριν τις φωνές, πριν τις λέξεις,
μονάχοι σε μια άδεια παραλία,
μέχρι που φτάνουν οι αδελφές
και τα παιδιά και οι ξένοι με τις
πανοπλίες και ο γέροντας με τα
κότσια στο χέρι

love song

II

I wish I'd been able to love you
before Ovid wrote his *Art of
Love,* before Alexander reached
Granicus, before Velázquez met
the Infanta Margarita. I wish I'd
been able to love you before the
troubadours first sang in the
Alhambra, before the Nazarene
came unto Jerusalem sitting
upon an ass, before Picasso's
final brush stroke on *Guernica.*
I wish I'd been able to love you
before Caesar was betrayed,
before Shakespeare's sonnets,
before Beethoven's *Ninth* and
Dalí's clocks. I wish I'd been
able to love you before the ages
that have weighed upon us,
before the voices, the words, you
and I alone on an empty beach,
until the sisters and the chil-
dren come and strangers with
weapons and the old man
holding the dice

Δυτικές Ινδίες

Malecón

II

ἤρεμα, βαθιά
νερά στην Κατάη τα
δέκα ποτάμια

West Indies

Malecón

II

Calm, deep
are the waters of the ten rivers
of Cathay

XVI

Ἔπρεπε νὰ ξεύρω ἐγκλέζηκα
πήγενα σέ ἔνα Δάσκαλω στήν
Γιαλούσα βράδια νὰ μάθω
ἀγγληκά νά πάω στό διηκητήριο
νὰ δόσω ἐξετάσης ἄν περάσω νά
μού ἐπητρέψουν νά πάω στήν
ἀνγγλίαν ἔπρεπε νά ἔχω κ.
πρώσκληση ἀπό τήν ἀγγλία πήρα
τήν πρώσκλησην ἀπό τόν Γαμβρό
μού Πανναγή

XVI

I had to know English I was going to a schoolmaster in Gialousa to learn so I could head to the government house and sit for the examinations so if I passed they would let me go to England I had to have an invitation from England I got the invitation from my brother-in-law Pannagis

α
δ
έ
σ
π
ο
τ
α

XIII

Κατάρτι βάζει
και απρόσκλητος γυρνά
τα ξένα μέρη

n
o
m
a
d
s

XIII

*he hoists sail
and unbidden heads to
foreign lands*

περιμένοντας τον Κορτές

Κι όταν άκουσαν την αλησμόνητη
κραυγή του νεαρού μαντατοφό-
ρου *πήραν την πόλη πήραν την,*
πήραν την Τεκοάκ, στην Τλαξκάλα
οι ευγενείς θορυβημένοι κάλεσαν
πάραυτα συμβούλιο κι είπαν
πως άλλη λύση δεν υπάρχει και
συμφώνησαν πως δεν υπάρχει άλλη
επιλογή κι αποφασίσαν να πάνε με
το μέρος τους, να τους καλοδεχτούν
τους παντοδύναμους βαρβάρους

waiting for Cortés

and when they heard the
sudden cry of the young herald
*they've taken the city they've
taken it they've taken Tecoac,*
the nobles of Tlaxcala in a clam-
or convoked a council and said
that there was no other solu-
tion at hand there was no oth-
er choice and they decided to
acquiesce, to welcome the
almighty barbarians

XVII

Ἐπήγα στό Βαρώση νά δώσο
ἐξετάσης τά ἐγκλέζηκα μού ἦταν
πού θέλης νά πάις ἡ ἀπάντηση
θέλω νά πάω νά πάρω λήγα
λεφτά νά βοΐθήσω τήν φτοχηκήν
μού ἡκογένια κ. λήγες ἄλες
ἐρωτήσης κ. ἀπαντήσης σέ ἕναν
μήναν πόσα θά μάθενα;

XVII

I went to Varosia to sit for my examinations all I knew in English was where do you want to go and the answer I want to go and get a little money to help my poor family and a few other questions and answers in one month how much could I have learned?

ερωτήσεις

Τι να περιμένουμε κάθε φορά που ανοίγουμε το γραμματοκιβώτιο με τόση ευλάβεια, όταν διαβάζουμε τα μέιλ με τόση προσοχή; Γιατί κοιτάμε το κινητό μας κάθε τόσο αναμένοντας την επόμενη κλήση, το επόμενο μήνυμα; Ποιος αγγελιαφόρος έχει ξεμείνει τόσα χρόνια και τι άραγε να θέλει να μας πει;

questions

What is it that we are hoping
for every time we open our
mailboxes with such reverence,
when we read our emails with
such punctiliousness? Why do
we look at our cellphones every
so often expecting the next call,
the next message? What herald
has lingered on for so many
years and what might he want to
tell us?

XVIII

Μού λέγη πίος σού ἔστηλεν
τήν πρώσκλησην τού λέγω
μάη πράηδαρ μού λέγη στά
εληνηκά πίος σού ἔστηλεν τήν
πρώσκλησην τού λέγω ὅ γαμβρός
μού μού λέγη νὰ πάις πήσω νά
μάθης κ. νά ἔλθης ὅταν μάθης
καλά ἐγκλεζηκα

XVIII

*he tells me who sent you the
invitation I tell him mai brathar
he tells me in Greek who sent
you the invitation and I tell him
my brother-in-law he tells me
go away and learn and come
back when you've learned good
English*

αλληλουχίες

Ποιήματα σε έκκεντρη τροχιά
με τρομάζουν απόηχοι φωνών
μυστικά καλά κρυμμένα οι λέξεις
καθώς συναντιούνται δήθεν τυ-
χαία κι η πολύτιμη λήθη σ' ένα
πορφυρό ρουμπίνι φτιάχνοντας
απρόσμενα νοήματα

sequences

Poems in an eccentric orbit
echoes of voices frighten me
words well-hidden secrets as
if meeting by chance and pre-
cious oblivion creating sudden
meanings within a Tyrian red
ruby

ποίημα

III

η τελευταία σκέψη του Οδυσσέα

poem

III

the last thought of Odysseus

χρονορραφία

Κάθονται σε μια άδεια παραλία
(ή στις όχθες ενός ποταμού με
ορμητικά νερά ή μιας λίμνης
μεγάλης σαν θάλασσα) και
κεντούν κάτω απ' τον ήλιο του
μεσημεριού τον χρόνο περι-
μένοντας

time stitches

they sit on an empty beach
(or on the banks of a river with
raging waters or of a lake large
as a sea) and waiting embroider
time beneath the afternoon sun

XIX

Ἐπήγα στό Βαρώση ἥδα
ἔναν δηκηγόρο τό ὄνομα τού
Δηκηγόρου ἥταν Λορτσές μού
λέγη νά πάις στό χοριό σού νά
φέρης χαλούμια ψωμιά ἀγου-
ράκια τομάτες κ. νά ἔλθης ἐδώ νά
μένης φέρε κ. 2 πατανίες θά σέ
πάρω δήπλα ἔχη ἔνα καθηγητή
σέ καμιά εὐδομάδα νά σού κάνη
μαθήματα σέ μιά βδομάδα νά
περάσης

XIX

I went to Varosia I saw a lawyer the name of the lawyer was Lortses he says to me go to your village and bring halloumi and bread cucumbers and tomatoes and come stay here bring also two blankets I'll take you nearby there's a schoolmaster who'll give you lessons for about a week so in about a week you'll pass

Παρασκευή 12 Οκτωβρίου 1492

III

Και τότε ακούσαμε την αλησμόνητη κραυγή του Ροδρίγο δε Τριάνα να κόβει σα μαχαίρι το μισοσκόταδο και βγήκαμε όλοι στο κατάστρωμα ζητωκραυγάζοντας που είδαμε επιτέλους ένα κομμάτι γης

Friday, the twelfth of October, 1492

III

*And then we heard the sudden
cry of Rodrigo de Triana
cutting the half-light like a knife
and we all went on deck
shouting with joy that we
finally had set eyes on land*

η σιωπή των σειρήνων

Πέφτει στο κρεβάτι έμβρυο σε
μια αδειανή κάμαρα ταξιδεύει ένα
αέναο παρόν επιστρέφει με χίλιους
τρόπους άγνωστο το γνώριμο
σκοτάδι βουλιάζει ανυποψίαστη
στο ανοιχτό παράθυρο η ζωή
ανασαίνει μια μελλοντική μνήμη

the silence of the sirens

he lies down in a bed an
embryo in an empty room
he travels within a perpetual
present the familiar darkness
returns unknown in a thousand
ways life sinks unsuspecting by
the open window breathing in
a future memory

αδέσποτα

XIV

Περιπλανώνται
σ' ένα τοπίο ρευστό
μέσα στον χρόνο

nomads

XIV

*they roam
in a fluid terrain
within time.*

XX

Ἐπῆγα στό χορίο ἐγέμησα ἔναν
κοφήνη ἀπο χαλούμια ψωμιὰ
ἀγουράκια πό τά Μεγάλα τομάτες
πήγα τήν ἄλην ἡμέρα ὅ λορτσέ
μού λέγη ἄμα ἤδεν τό κοφήνη
γεμάτο ἄτε πάμε στόν καθηγητή

XX

I headed to my village and filled a wicker wisket with halloumi bread cucumbers the big ones tomatoes and went the next day Lortses said to me when he saw the wisket full so then off we go to the schoolmaster

αδέσποτα

XV

Είμαστε τα ποτάμια που σμίγουν
με το γλυκό κρασί των σούφι

αδέσποτα

XVI

Μπρος στα μάτια μας
η αιωνιότητα
χαμογελάει

αδέσποτα

XVII

Είμαστ' ο χορός του Σίβα που χορεύει

nomads

XV

*We are the rivers that mingle
with the sweet wine of the Sufis*

nomads

XVI

*before our eyes
eternity
is smiling*

nomads

XVII

We are the dance of dancing Shiva

ερώτηση

Πώς να δεχτείς
πως η μοναξιά είναι
η μόνη σταθερή αλήθεια
που μας διέπει σήμερα είπαν
στις ειδήσεις πως
ένας δράκοντας καταβρόχθισε
έναν άνθρωπο πώς
να πιστέψεις
πως η μοναξιά είναι πώς
να πιστέψεις
πως η αλήθεια είναι πώς
να δεχτείς
πως η ποίηση είναι

η μόνη μας ελπίδα

question

how are you to accept
that loneliness is
the only steadfast truth
that governs us today I heard
on the news that
a dragon devoured
a person how
are you to believe
that loneliness is how
are you to believe
that truth is how
are you to accept
that poetry is

our only hope

XXI

Μέ ἀρώτησεν ὅ καθηγητής γιατή
δέν μέ πέρασεν τού ἦπα ὅτοι μέ
ἀρώτησεν πιώς μού ἔστηλεν τήν
πρώσκληση κ. τού ἦπα μαη πράδερ
μού λέγη ὅχη μαη πράηδερ ινλώ
μέ ἔβαλε νά μάθω νά τό γράφω σέ
δέκα λεπτά μέ πήρε ὅ Λορτσιές νά
δόσο ἐξετάσης

XXI

the schoolmaster asked me
why I was failed I told him that
I was asked who sent me the
invitation and I'd said mai
brathar he told me no mai
brothar-in-lo and he had me
learn to write it down ten
minutes later Lortses took me to
sit for my examinations

αδέσποτα

XVIII

Γλεντούν οι μέρες
φτιάχνοντας και χαλώντας
τις ιστορίες

nomads

XVIII

the days are feasting
they are forming and destroying
histories

τα δώρα

Θα ήταν παράλογο να διακιν-
δυνεύσει κάτι τέτοιο κι έπειτα οι
απανωτοί οιωνοί πώς να ρισκάρει.
Ας φύγουν λοιπόν πάραυτα οι
πρέσβεις κι ας πάρουν μαζί τον
ωραιότερο χρυσό και τους πιο
πολύτιμους λίθους των Μεσίκα

the gifts

it *would* *have* *been* *unreason-*
able *to* *take* *such* *a* *risk* *and*
how *could* *he* *have* *with* *all* *the*
unremitting *omens.* *So* *then*
let *the* *ambassadors* *go* *forth*
and *take* *with* *them* *the* *most*
beautiful *gold* *and* *the* *most*
precious *stones* *of* *the* *Mexicas*

XXII

Μπήκε μέσα φένετε τού ήπεν
ότοι έφερα κοφήνη ἀπό ὅλα μέ
ἐφώναξεν ἕλα μέσα μπήκα μού
λέγη σσιάτ δή Δόαρ ἔκλησα τήν
πόρτα μού ἔκαμεν τήν ἴδια
ἀρώτηση τού λέγω μαη πραιδερ
ινλό ἔταξη μού λέγη πέρασες

XXII

he went inside it seems he had told him I'd brought a wicker wisket filled with everything he called me to come inside I went inside he says shut thee doar I shut the door he asked me the same question and I said mai brothar-in-lo OK he says you passed

σπείρα

Αυτός σε λίγο θα ορμήσει στο
εργαστήρι ενός τεχνίτη που
χαράσσει εδώ και ώρες προση-
λωμένος κύκλους σ' ένα κύπελλο
που δεν πρόκειται να τελειώσει και
που πέντε αιώνες μετά θα βρεθεί
στην αίθουσα ενός μουσείου, σε
μια ήπειρο που εκείνος ακόμα δεν
γνωρίζει

spiral

he will soon rush into the
workshop of a craftsman
who for hours now has been
chiseling intently circles that
will never end onto a cup that
five centuries later will be in
the gallery of a museum on a
continent he does not yet know

χθες

βρέφος γεννιέται απ' το παρόν. Απ' το μέλλον
μεγαλώνει σαν παράσιτο

yesterday

an infant is born out of the present. Out of the future
it grows like a parasite

XXIII

Εὔγαλα διαβατήριο κ. ἐτημά-
ζουμουν νά κόψω ἰσιτίριον μέ πλύον
24 αὐγούστου τό 1939 ἀναχώρισα
ἀπό τό λημάνη Βαρωσιού ἡ μητέρα
μού κλάματα τά ἀδέλφια μού ὅλοι
κλέαν βαστούσα 30 σελίνια γιά ὅλον
μού τό ταξήδη

XXIII

I got myself a passport and was getting ready to buy a steamer ticket on the 24th of August 1939 I sailed out from Varosia's harbor my mother weeping all my sisters crying I had 30 shillings for the whole of my journey ποίηση

IV

Και συ θα τρέχεις μέσα σε
θάλασσες φωνές απύθμενες,
κύματα εγκάρσια στη νύχτα,
ψάχνοντας να βρεις την ακτή και
τις έξι αδελφές που τραγουδούν
μονάχες τα παράξενα τραγούδια
τους

poetry

IV

and you shall run within the
seas fathomless voices, waves
diagonal to the night, your eyes
will search the shores and the
six sisters all alone singing their
strange songs

XXIV

Φθάσαμεν στήν ἑλάδα στόν
Πηρεὰ μὰς ἤπαν ὅτοι δέν ἔχει
πλύον νά πάτε σέ ξενοδοχεῖο
μέχρη νά σὰς ἡδωπιήσουμε
καθήσαμε ἐκύ μέχρη το Σεπτέβρη
πήγενα σέ ἐστιατόριο μέ μιὰ
δραχμὴ ἔτρωγα ἕναν πιάτο σούπα
μέχρη πού μὰς ἤπαν νά
ἀναχωρήσουμεν ἐβάστου μόνον
15 σελίνια

XXIV

We arrived in Greece in Piraeus we were told there's no boat go to a hotel till we let you know we were there till September I would go to a restaurant and there for a drachma I'd eat a plate of soup when they told us we were leaving all I had left was just 15 shillings

πάρθεν

δεν τρώει, δεν κοιμάται ο
αυτοκράτορας. Στην πόρτα ένα
πουλί με γυάλινο κεφάλι τον
κοιτάει. Ακούει το πλήθος να
φωνάζει εκδίκηση. Έξω η
ιστορία περιμένει

the fall

the emperor does not eat, does
not sleep. At the door a bird
with a mirrored head peers at
him. He hears the masses
shouting for revenge. Outside
history is waiting

XXV

Γιά νά ἀναχωρήσουμεν ἔπρεπε
νά πλυρώσουμε ἀκόμα 30 σελίνια
ἐγώ βαστούσα 15 σελήνια
εὔτηχως ἤχεν κάπιον ἀπό τήν
Γιαλούσα πού ἤταν ξανά στήν
ἀγγλία κ. μού δάνησε 30 σελίνια

XXV

for us to set sail we had to pay another 30 shillings I had 15 shillings as luck would have it there was someone from Gialousa who'd been to England before and he gave me 30 shillings as a loan

Πέμπτη 11 Οκτωβρίου 1492

and as you read
the sea is turning its dark pages,
turning
its dark pages

Είναι τώρα πάνω από μήνας που
αρμενίζουμε τούτες τις αφιλόξενες
θάλασσες της δύσης και πουθενά
ένα κομμάτι γης. Τα χείλη μας έχουν
στεγνώσει απ' την αλμύρα κι είναι
τα μάτια μας γεμάτα κούραση και
φόβο, αφού ξέρουμε πια πως έχουμε
κινήσει για ένα ανώφελο ταξίδι που
δεν πρόκειται να μας βγάλει πουθενά

Thursday, the eleventh of October, 1492

and as you read
the sea is turning its dark pages,
turning
its dark pages

for over a month we've been sailing
these inhospitable western seas and
nowhere a fleck of land. The salt
has dried our lips and our eyes are
filled with torpor and fear now that
we know we have set out on a futile
journey that will lead us nowhere

α
δ
έ
σ
π
ο
τ
α

XIX

Χάραμα στο Άνδρος ανυποψίαστος
για την ιστορία που τον περιμένει

n
o
m
a
d
s

XIX

daybreak on board the Andros he hardly
suspects the history awaiting him

XXVI

Τὰ κατάφερα ὅταν ξεκήνησε τό
πλύον φθάσαμε μέχρη τήν ἰταλία
κηρήχτη ὅ πολεμος ὁ δεύτερος
παγκόσμιος ἀρχήσαμε νά ἀγωνι-
οὐμε κ. εἴχεν κ. τρικημίαν μεγάλη
ἦταν 3 σεπτέβρη πού κηρήχθη ὅ
πόλεμος

XXVI

I was fine when the ship set sail we made it to Italy war was declared the second world war we started worrying and there was a great storm it was the third of September that war was declared

ερωτικό

III

Τώρα που σου γράφω ίσως να
βρίσκεσαι σ' ένα λεωφορείο που
διασχίζει αργά το κέντρο μιας
μεγαλούπολης σε ώρα αιχμής
ή σ' ένα τρένο που προσπερνά
με ιλιγγιώδη ταχύτητα ένα
σταθμό γεμάτο κόσμο. Ίσως να
κάθεσαι δίπλα στο παράθυρο
ενός αεροπλάνου που πετάει
μέσα στην πυκνή ανοιξιάτικη
ομίχλη ή να περπατάς βιαστικά
έναν πολυσύχναστο δρόμο με
καταστήματα ενώ βρέχει. Ίσως
πάλι να κάθεσαι σ' ένα παρατημένο
σπίτι μιας μακρινής επαρχίας και να
κοιτάζεις μέσ' απ' το μισόκλειστο
παράθυρο το ατέρμονο ταξίδι της
σκόνης στο φως

love song

III

as I am writing to you, you may
well be on a bus that is slow-
ly crossing the center of a big
city during rush hour or on a
train that is passing at a vertigi-
nous speed through a crowded
station. You may well be sit-
ting next to the window of an
airplane flying through the
dense spring fog or walking
hurriedly along a busy street
filled with shops as it rains.
Then again you may well be in
an abandoned house in a distant
province looking through a half-
closed window at the unending
journey of dust in the light

αδέσποτα

XX

Μια φωνή ψάχνει
κάποιον να την ακούσει
μέσα στον χρόνο

nomads

XX

a voice is seeking
somebody who will hear it
within time

κύμενο

Ένα ποτάμι που ρέει στα σύνορα της γλώσσας

wordwaves

a river that moves on the borders of language

α
δ
έ
σ
π
ο
τ
α

XXI

Φύσ' αεράκι
στο πιο ψηλό κατάρτι
ν' αρμενίσουμε

n
o
m
a
d
s

XXI

*blow little breeze
on our tallest mast
so we sail the seas*

Eleni Kefala is the author of *Μνήμη και παραλλαγές* (*Memory and Variations*, 2007) and *Χρονορραφία* (*Time Stitches*, 2013). Her third poetry book *Direct Orient* is forthcoming in Greek from Perispomeni Publications in 2023. She has been a finalist for the Diavazo First-Time Author Award in Greece and winner of the State Prize for Poetry in Cyprus. Her poetry has appeared in magazines and anthologies in Cyprus, Greece, Bulgaria, Italy, France, Turkey, and the United States. She was a member of the jury of the 2022 Neustadt International Prize for Literature. Eleni was born in Athens, grew up in Cyprus, studied in Nicosia and Cambridge, and currently makes her home in Scotland, where she teaches Latin American and comparative literature at the University of St Andrews.

Peter Constantine's recent translations include works by Augustine, Rousseau, Machiavelli, Gogol, and Tolstoy. He is a Guggenheim Fellow and was awarded the PEN Translation Prize for *Six Early Stories* by Thomas Mann, and the National Translation Award for *The Undiscovered Chekhov*. He is the director of the Program in Literary Translation at the University of Connecticut, the publisher of World Poetry Books, and editor-in-chief of *New Poetry in Translation*.

Thank you all
for your support.
We do this for you,
and could not do
it without you.

DEEP
VELLUM

PARTNERS

pixel ||| texel

EMBREY FAMILY
FOUNDATION

ADDITIONAL DONORS, CONT'D

Mark Haber	Scott & Katy Nimmons
Mary Cline	Sherry Perry
Maynard Thomson	Sydneyann Binion
Michael Reklis	Stephen Harding
Mike Soto	Stephen Williamson
Mokhtar Ramadan	Susan Carp
Nikki & Dennis Gibson	Susan Ernst
Patrick Kukucka	Theater Jones
Patrick Kutcher	Tim Perttula
Rev. Elizabeth & Neil Moseley	Tony Thomson
Richard Meyer	

SUBSCRIBERS

Alan Glazer	Heustis Whiteside	Matt Bucher
Amber Williams	Hillary Richards	Matthew LaBarbera
Angela Schlegel	Jane Gerhard	Melanie Nicholls
Austin Dearborn	Jarratt Willis	Michael Binkley
Carole Hailey	Jennifer Owen	Michael Lighty
Caroline West	Jessica Sirs	Nancy Allen
Courtney Sheedy	John Andrew Margrave	Nancy Keaton
Damon Copeland	John Mitchell	Nicole Yurcaba
Dauphin Ewart	John Tenny	Petra Hendrickson
Donald Morrison	Joseph Rebella	Ryan Todd
Elizabeth Simpson	Josh Rubenoff	Samuel Herrera
Emily Beck	Katarzyna Bartoszynska	Scott Chiddister
Erin Kubatzky	Kenneth McClain	Sian Valvis
Hannah Good	Kyle Trimmer	Sonam Vashi
Heath Dollar	Matt Ammon	Tania Rodriguez

AVAILABLE NOW FROM DEEP VELLUM

FORTHCOMING FROM DEEP VELLUM

CHARLES ALCORN • *Beneath the Sands of Monahans* • USA

MARIO BELLATIN • *Etchapare* • translated by Shook • MEXICO

CARMEN BOULLOSA • *The Book of Eve* • translated by Samantha Schnee • MEXICO

CHRISTINE BYL • *Lookout* • USA

MIRCEA CĂRTĂRESCU • *Solenoid* • translated by Sean Cotter • ROMANIA

TIM CLOWARD • *The City that Killed the President* • USA

JULIA CIMAFIEJEVA • *Motherfield* • translated by Valzhyna Mort &
Hanif Abdurraqib • BELARUS

PETER CONSTANTINE • *The Purchased Bride* • USA

FREDERIKA AMALIA FINKELSTEIN • *Forgetting* •
translated by Isabel Cout & Christopher Elson • FRANCE

EMILIAN GALAICU-PĂUN • *Canting Arms* •
translated by Adam J. Sorkin, Diana Manole, & Stefania Hirtopanu • MOLDOVA

ALISA GANIEVA • *Offended Sensibilities* • translated by Carol Apollonio • RUSSIA

ALLA GORBUNOVA • *It's the End of the World, My Love* •
translated by Elina Alter • RUSSIA

GISELA HEFFES • *Ischia* • translated by Grady C. Ray • ARGENTINA

TOSHIKO HIRATA • *Is It Poetry?* •
translated by Eric E. Hyett & Spencer Thurlow • JAPAN

KB • *Freedom House* • USA

YANICK LAHENS • *Sweet Undoings* • translated by Kaiama Glover • HAITI

ERNEST MCMILLAN • *Standing: One Man's Odyssey through the Turbulent Sixties* • USA

FISTON MWANZA MUJILA • *The Villain's Dance* • translated by Roland Glasser • DEMOCRATIC REPUBLIC OF CON

LUDMILLA PETRUSHEVSKAYA • *Kidnapped: A Story in Crimes* •
translated by Marian Schwartz • RUSSIA

SERGIO PITOL • *Taming the Divine Heron* • translated by George Henson • MEXICO

N. PRABHAKARAN • *Diary of a Malayali Madman* •
translated by Jayasree Kalathil • INDIA

THOMAS ROSS • *Miss Abracadabra* • USA

JANE SAGINAW • *Because the World Is Round* • USA

SHUMONA SINHA • *Down with the Poor!* • translated by Teresa Fagan • INDIA/FRANCE

KIM SOUSA, MALCOLM FRIEND, & ALAN CHAZARO, eds. • *Até Mas:
Until More—An Anthology of LatinX Futurisms* • USA

MARIANA SPADA • *The Law of Conservation* • translated by Robin Myers • ARGENTINA

SOPHIA TERAZAWA • *Anon* • USA

KRISTÍN SVAVA TÓMASDÓTTIR • *Herostories* •
translated by K. B. Thors • ICELAND

YANA VAGNER • *To the Lake* •
translated by Maria Wiltshire • RUSSIA

SYLVIA AGUILAR ZÉLENY • *Trash* •
translated by JD Pluecker • MEXICO

LIU ZONGYUAN • *The Poetic Garden of Liu Zongyuan* •
translated by Nathaniel Dolton-Thornton & Yu Yuanyuan • CHINA